D1067936

Sentimientos

a la felicidad

¿Cómo te sientes hoy? Cuando eras pequeñito, sólo sabías diferenciar entre sentirte bien y sentirte mal y por eso llorabas tanto cuando tenías hambre como cuando te dolía la barriga. Ahora ya eres más grande y no lloras cuando tienes hambre, porque sabes que si comes algo se te pasará.

2

A medida que te hagas grande irás aprendiendo muchas cosas sobre los sentimientos. ¡Crecer es una gran aventura en la que siempre estás aprendiendo cosas nuevas!

¿Te acuerdas cuando estabas dentro de la barriga
de tu mamá? Tal vez entonces ya sentías todo
el amor que tus padres sentían por ti, ¡y eso que
todavía no te habían visto! Pero el amor es algo
tan grande y tan intenso que lo invade todo:
es más grande que una casa, que el mar...
¡es más grande que todo el universo!

4

El cariño lo puedes sentir de muchas maneras:
a tus padres los quieres de una forma diferente
que a un amigo, y a un gato o a una flor los quieres
de otra forma que...¡a tus abuelos!

5

Es de noche, tus padres se han ido a dormir y tú estás solo en tu cuarto. Todo está oscuro y afuera se oyen los truenos de una tormenta. ¡Uy, mamá, qué miedo! ¿O era una pesadilla? Prueba a levantarte y encender la luz. ¿Verdad que con la luz encendida no tienes tanto miedo?

Podemos tener miedo de muchas cosas,
pero no te debes preocupar. A medida
que vayas creciendo, verás cómo
algunos miedos que tienes ahora
desaparecerán para siempre.

7

¿Te has perdido alguna vez? Te sientes solo y desamparado, no ves a tus padres ni a nadie conocido cerca tuyo. ¡Es horrible! Pero incluso en un momento así tienes que saber que tus padres no se han olvidado de ti y te están buscando. ¡Seguro que enseguida te encuentran!

En estos casos, tus padres también tienen mucho miedo;
por eso, cuando te encuentran, te dan muchos besos
y te abrazan muy fuerte, aunque también es posible
que te riñan... Pero ¿qué importa? ¡Uf, los has encontrado!

9

¿Alguna vez has visto fuegos artificiales? Es sorprendente ver tantas lucecitas de diferentes colores encendiéndose en el cielo. Todo el mundo abre mucho los ojos y exclama "¡Oooooh!" Esta es la cara que ponemos cuando nos llevamos una sorpresa.

Al principio, el ruido de los fuegos que explotan asusta un poco, ¡pero vale la pena soportarlo para ver el espectáculo!

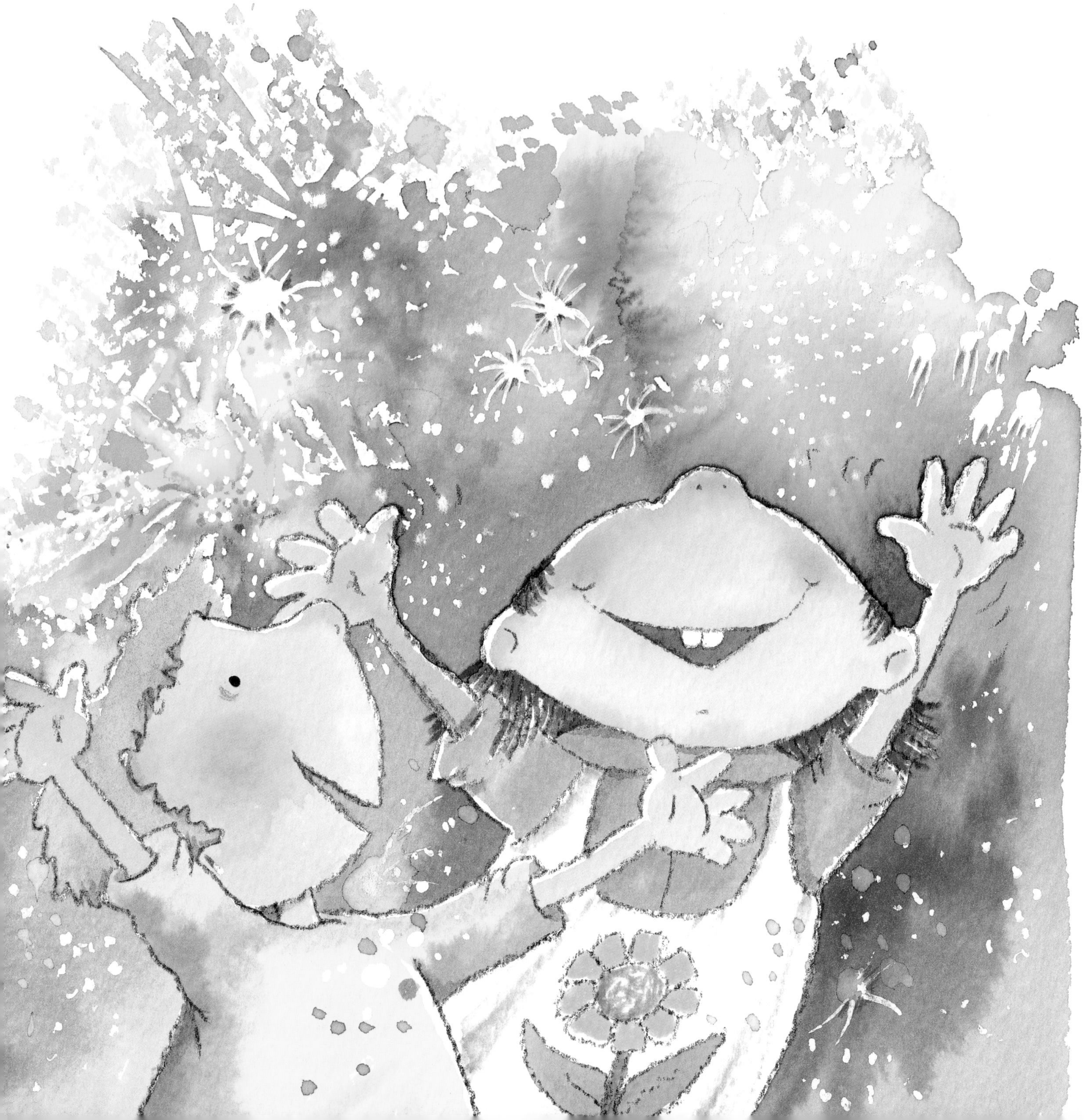

Tener un hermanito es muy divertido, pero a veces te puede parecer que tus padres le hacen más caso a él que a ti. Entonces te da un poco de rabia, y te sientes un poco triste y... parece que le coges un poco de antipatía a tu hermano. ¿Has pensado alguna vez que a él le puede pasar lo mismo cuando crezca?

El amor de tus padres es tan grande que te pueden querer
a ti y a todos tus hermanos, ¡aunque tuvieras doscientos!
Para ellos, tú eres única, especial y maravillosa tal como eres.

Hay días estupendos en que todo nos parece divertido;
tú te sientes contento y ríes por cualquier cosa.
Es como estar en un parque de atracciones en el que
puedes subirte a todos los juegos que más
te gusten tantas veces como quieras.

¿Te has fijado en lo que hace la gente cuando
está contenta? Ríe, canta, baila...
Parece que sea más fácil hacer las cosas,
incluso las más aburridas,
¡como recoger los juguetes!

15

Estás enfadado porque tu amigo ha estropeado tu magnífico dibujo y encima, cuando te ha visto tan enfadado, se ha puesto a reír y a decirte tonterías.

Grrrr... ¡qué rabia! Pero es mejor que no te dejes llevar por la rabia, porque podrías hacer cosas de las que después te arrepentirías.

Cuando estés muy enfadado, lo mejor que puedes hacer
es salir a dar una vuelta, o quedarte en tu cuarto jugando
solo o leyendo un cuento. Al fin y al cabo, es más importante
un amigo que un dibujo, ¿no?

17

Piensa en algo que te de vergüenza: conocer gente nueva, no saber ir en bici, que tus amigos sepan que a veces se te escapa el pipí cuando estás durmiendo... ¡Hay tantas cosas que pueden dar vergüenza! Tener vergüenza es muy incómodo, porque cuando algo te da vergüenza no te puedes divertir.

Los mayores que tú quieres pueden contarte qué les daba
vergüenza cuando tenían tu edad. ¡Tal vez descubras
que se parecían mucho a ti!

Hay cosas que no te gustan nada: personas que son antipáticas, comidas
que tienen un sabor horrible, olores que te hacen tapar la nariz...
¡ecs, qué asco! Realmente hay cosas que te resultan muy desagradables
y sólo de pensar en ellas, sientes un rechazo enooorme.

20

A lo mejor, si las pruebas varias veces, te irás acostumbrando a alguna de ellas. Te sorprenderá comprobar que no todas son tan malas como te imaginas. ¿Quieres probar?

21

A veces suceden cosas que te hacen poner triste. La tristeza parece crecer tanto dentro de ti que acaba saliendo en forma de lágrimas. ¿Notas el gusto que tienen? Son saladas y muy, muy bonitas, porque te están ayudando a suavizar tu tristeza.

22

Para que puedas sacar toda la tristeza que sientes, lo mejor es contárselo a alguien a quien quieras. ¡Ya verás cómo te consuela con un fuerte abrazo!

23

Cuando sales de la bañera, tu padre te envuelve en una toalla enorme, te lleva en brazos a la cama... ¡y no para de hacerte cosquillas! Cuando ya tienes el pijama puesto, te cuenta un cuento nuevo y fantástico. ¡Te sientes tan feliz!

Hay muchos momentos felices en la vida.
Es como si el sol se hubiera metido dentro
de ti e hiciera brillar todo lo que te rodea.
¡Es un sentimiento fenomenal!

25

Has tenido miedo, has estado triste, enfadado, contento... ¡Has sentido muchas cosas! Ahora ya puedes entender un poco más cómo te sientes y cómo se sienten los demás. Tal vez incluso puedes hacerle compañía a una amiga que tiene miedo o consolarla si está triste.

26

Intenta consolar a alguien y verás
qué bien y qué mayor te sientes.
Eso es lo que hacen tus padres contigo.

27

Todos somos diferentes y por eso también sentimos las cosas de formas diferentes. Tú también cambias según como te sientes: cuando estás enfadada, nada te hace gracia, y en cambio, cuando estás alegre, cualquier cosa te hace reír. ¿Te imaginas qué aburrido sería si todo fuera siempre igual?

Todo lo que tú sientes te está ayudando a conocer las cosas que te rodean, ¡y así es como nos hacemos grandes!

Actividades

¡Qué sorpresa!

Paseando por el bosque encuentras una seta de colores impresionantes o una ardilla que te mira desde un árbol. ¡El mundo está lleno de sorpresas! A muchas personas, estas sorpresas le hacen despertar su amor por la naturaleza. ¿Quieres una sorpresa parecida en tu propia casa? Coges una judía, la envuelves en algodón humedecido con agua y la colocas en un pote. Pones el pote en algún lugar de la casa donde haya mucha luz natural, pero cuidando que el sol no le de directamente, y te pones a esperar. Tendrás que vigilar que el algodón se mantenga húmedo. Y... ¡sorpresa! Verás que aparece una plantita. Cuando ya tenga las hojas grandes y bien verdes, la tendrás que plantar en una maceta con tierra para que se haga grande y fuerte. ¿Sientes cariño por tu plantita?

¿Quién es quién?

¿Has intentado alguna vez esconder a mucha gente dentro de un mismo cuarto? Uno de ustedes se queda fuera de la habitación y el resto se esconde lo mejor que puede. Cuando todo el mundo está preparado, se apaga la luz y se avisa al jugador que está afuera que ya puede entrar. El cuarto tiene que estar completamente a oscuras. Tiene que ir buscando a todos los jugadores uno por uno y adivinar quién es quién tocando la cara y el pelo. ¡No vale hacer cosquillas!

Un dado sentimental

Pídele a alguna persona mayor que te haga un dado gigante como éste. Tú puedes ayudar recortando y pegando: sólo necesitas cartulina, tijeras, cola ¡y un poco de paciencia!
En cada una de las caras del dado escribe el nombre de un sentimiento: miedo, rabia, alegría, sorpresa, tristeza, vergüenza...
Puedes hacer tantos dados como quieras; sólo tendrás que pensar qué sentimientos pondrás en cada uno.
Puedes jugar con tu familia o con un grupo de amigos.
Siéntense en círculo y tiren el dado por turnos. Cada jugador tiene que describir un momento en el que haya experimentado el sentimiento escrito arriba del dado.

31

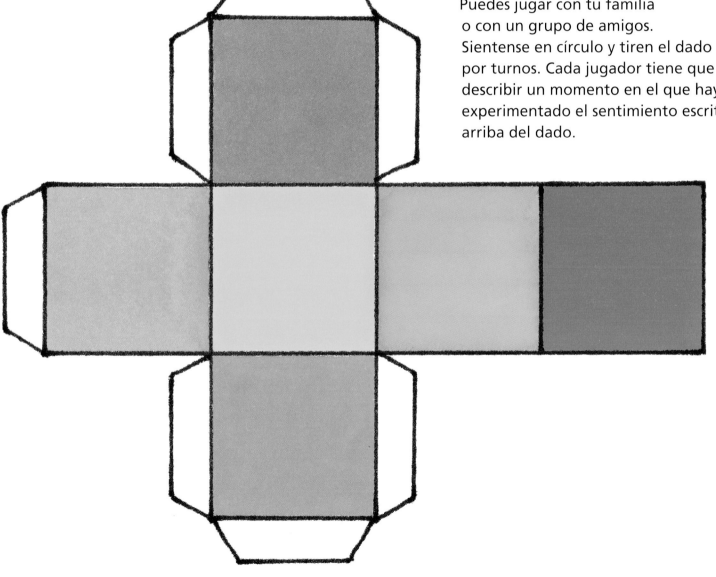

Cambiar las historias

¿Has intentado alguna vez cambiar una historia? Pídele a tus padres que representen una pelea con títeres y luego trata de cambiar la historia. Por ejemplo, puedes buscar una solución para que no lleguen a pelearse. Luego tú representas la escena y tus padres intentan buscar nuevas soluciones. ¡Te sorprenderá ver cuántas soluciones se te ocurren!

Una historia de miedo

No todas las cosas nos dan el mismo miedo; algunas nos dan un miedo horrible y otras apenas un poquito.

Te damos una lista para que la copies con letra grande en una cartulina. Si quieres, puedes pedirle a alguien que te ayude. Y ahora ya puedes puntuar el miedo. Si sólo te da un poquito de miedo, dibujas un fantasma; si te da un poco más, dos fantasmas y si te da mucho miedo, tres fantasmas. ¡Puedes alargar la lista todo lo que se te ocurra!

Los monstruos y fantasmas
Algunos animales (lobos, tiburones...)
Los automóviles
La gente disfrazada
Las galletas
Una casa abandonada
Las nubes
La oscuridad
La luz
Quedarte solo
Estar con más gente
Los extraterrestres
El sol
Algunos sueños
Los dibujos animados
La música
Caerte
Perderte
Subirte a un árbol

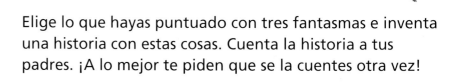

Elige lo que hayas puntuado con tres fantasmas e inventa una historia con estas cosas. Cuenta la historia a tus padres. ¡A lo mejor te piden que se la cuentes otra vez!

Haz de actor

Con la ayuda de tus padres, puedes hacer una baraja con cartas como éstas
y puedes poner tantas caras como se te ocurra. Es más divertido si haces
dos o tres caras para cada sentimiento. Y ahora... ¡a actuar! Baraja bien las cartas
y repártelas entre los jugadores, sin que nadie mire qué carta le ha tocado.
De uno en uno, cada jugador tiene que representar el sentimiento
que le ha tocado y los demás tienen que intentar adivinarlo. Gana el que identifica
más sentimientos. Si te parece demasiado difícil, debajo de cada cara puedes
poner el nombre del sentimiento que cada dibujo representa.

33

Guía para los padres

La rabia

¿Qué niño no se ha enrabiado alguna vez? Hay muchas ocasiones que pueden acabar en una rabieta, a menudo por la impotencia que siente el niño ante determinadas circunstancias. Es importante dejarle explicar lo que ha pasado sin interrumpirlo: si sabe que es escuchado, aprenderá más fácilmente a escuchar. Muchos niños, cuando se enfadan, optan por encerrarse solos en su cuarto. En este caso, hay que respetar su decisión y dejar pasar un rato para que se tranquilice, después ya podrán hablar con él para adivinar el motivo de su enfado. Si el niño no sabe calmarse solo, se le puede ayudar buscando la manera más

efectiva de lograrlo. En algunas ocasiones puede ser útil realizar alguna actividad que requiera un esfuerzo físico, como jugar a la pelota, correr o saltar; en otras, el hecho de sentarse solo en su cuarto o en un rincón de la casa le pueden servir. Poco a poco, él solo irá aprendiendo a calmarse antes de actuar, sobre todo si ve cómo lo hacen ustedes.

Un dado sentimental

Las actividades del dado y de las cartas pueden ser útiles para ayudar al hijo a identificar diferentes sentimientos y darles nombre. Que hablen ustedes de lo que sienten

enriquecerá su vocabulario, de modo que tendrá más facilidad para identificar los sentimientos a medida que los vaya experimentando. No se trata de mencionarle todos los sentimientos que existen ni de explicarle lo que significa cada uno, sino de ir todos acostumbrándose a hablar de ellos como un tema más de los muchos que se comentan a lo largo del día.

El miedo
Hay muchas cosas que pueden dar miedo a su hijo, y por más inverosímiles que les parezcan, deben respetar lo que él siente. No deben decirle nunca "de eso no tienes que tener miedo", porque para él es inevitable sentirlo y realmente lo pasa mal. Es importante no alimentar el miedo y evitar las películas terroríficas, darle sustos en la oscuridad o enfrentarlo directamente a su miedo. Si un niño tiene miedo al agua y se le tira a la piscina mientras él llora y suplica que no lo hagan, lo más probable es que acabe odiando para siempre cualquier actividad acuática. Hay que ser muy paciente y tolerante. Casi todos los miedos se superan con la edad si el niño sabe que cuenta con el apoyo de sus padres. Hay muchos libros que presentan juegos de aproximación al miedo; en el apartado de "Actividades", proponemos el juego "¿Quién es quién?" para hacer frente al miedo a la oscuridad.

Tener miedo forma parte del aprendizaje, tanto del niño como de los adultos. En caso de que el miedo afecte la vida cotidiana del niño, o que el problema persista o se haga más intenso con el tiempo, poden consultar con un especialista. Les sorprenderá la cantidad de alternativas disponibles.

Una historia de miedo
La lista hecha por el niño les servirá de guía para comprender sus temores. La actividad siempre se ha de plantear como un juego. El niño no debe verse obligado a inventar su historia si no le apetece o si no quiere incluir algunos de los elementos de la lista. Se trata de jugar con los miedos y hacerlos más asequibles, no de hacerlos desaparecer.

Haz de actor
Con el juego de las cartas, además de identificar sentimientos, el niño puede aprender a relacionar gestos,

sonidos, expresiones faciales y otros tipos de comunicación no verbal con el sentimiento que expresan.
Otro juego divertido puede ser imitar a gente conocida o personajes de ficción sin disfraces: gente que siempre está enfadada, melancólica, bucólica... Imitando pueden percibir muchos matices diferentes aunque todavía no puedan identificarlos del todo. El juego permite que el niño exprese con palabras lo que hasta hace poco sólo expresaba de forma no verbal.

Cambiar las historias
Las peleas no son malas, pero muchas se pueden evitar si pensamos fríamente. Esta actividad está pensada para que su hijo comience a pensar en otras alternativas que evitarían el conflicto. Con los títeres le será más fácil que en una discusión en la que esté directamente implicado. Cuando se pelee o discuta con alguien, se le puede recordar el juego y preguntar qué otras alternativas habría para evitarlo. Si no encuentra ninguna, se le pueden sugerir algunas que él pueda seguir y considere que son buenas soluciones. Hay que proponerle que las ponga en práctica en otra ocasión similar, para que de esta manera pueda comprobar si funcionan o no.

En el texto se habla de arrepentirse: a esta edad, los niños no son concientes de las consecuencias que tiene una pelea, pero sí saben que se pueden estropear cosas, como un dibujo o un juguete preferido. Desear no haber roto el juguete: éso es arrepentirse.

Para acabar
Los cuentos fantásticos, los juegos en los que se representan cosas, las personificaciones... Los niños tienen muchos recursos para aprender todo lo que los rodea, cómo son las cosas, cómo pueden vivirlas. Los recursos que ustedes tienen como adultos son escuchar, observar, comprender, tolerar ... y grandes dosis de paciencia. No se trata de sobreproteger a los hijos y evitar que sientan cosas desagradables, sino de estar a su lado mientras las sienten. El dolor, el miedo o la tristeza son sentimientos inevitables, pero también lo son la felicidad, la alegría o el agrado. Su hijo tiene un carácter determinado y cuanto mejor lo conozcan y lo aceptan tal como es, más podrán ayudarlo a encontrar los recursos que tiene para hacer frente a las diferentes situaciones en las que se vaya encontrando.

SENTIMIENTOS, DE LA TRISTEZA
A LA FELICIDAD
Título original del libro en Catalán:
QUÈ SENTS?, DE LA TRISTESA A L'ALEGRIA
© Copyright GEMSER PUBLICATIONS, S.L., 2001
Barcelona, España (Derechos Mundiales)
Autora: Núria Roca
Ilustradora: Rosa Maria Curto

Dirigir toda consulta a:
Barron's Educational Series, Inc.
250 Wireless Boulevard
Hauppauge, New York 11788
http://www.barronseduc.com

Número Internacional de Libro 0-7641-1841-2

Número de Catálogo de la Biblioteca del
Congreso de EUA 2001087182

Impreso en España

9 8 7 6 5 4 3 2 1